BIOGRAFÍAS DETRÁS DE ESCENA

LO QUE NUNCA SUPISTE SOBRE CRISTIANO RONALDO

de Martha E. H. Rustad

CAPSTONE PRESS
a capstone imprint

Esta es una biografía no autorizada.

Publicado por Spark, una impresión de Capstone
1710 Roe Crest Drive
North Mankato, Minnesota 56003
capstonepub.com

Publicado originalmente como *What You Never Knew About Cristiano Ronaldo*, copyright 2022 por Capstone.

Los datos de catalogación previos a la publicación se encuentran disponibles en el sitio web de la Biblioteca del Congreso.
ISBN: 9798875260537 (tapa dura)
ISBN: 9798875260483 (tapa blanda)
ISBN: 9798875260490 (PDF libro electrónico)

Resumen: Cristiano Ronaldo es el mejor jugador de fútbol del mundo. Pero, ¿qué sucede cuando no está marcando goles en el campo? Los detalles de gran interés y las fotos audaces de su fascinante vida cautivarán a los lectores reacios y con dificultades, mientras que el texto cuidadosamente nivelado les inspirará confianza.

Créditos editoriales
Editora: Erika L. Shores; Diseñadora: Heidi Thompson; Investigadoras de medios: Jo Miller and Pam Mitsakos; Especialista en producción: Tori Abraham

Créditos de imagen
Getty Images: JOANA SOUSA/Stringer, 19; Newscom: ASLON2/MEGA/Mirropix, 22, GWGLA/MEGA/Courtesy of NIKE, 28, ZCVA/Supplied by WENN, 26; Shutterstock: Bascar, 25 (bottom), cristiano barni, 12, 13, 16, dimcars, 25 (top), F8 studio, 15, Grisha Bruev, 21, Helle, 20 (bottom), irin-k, 5, Javi Az, 11 (bottom), MDI, 20 (top), Nicolo Campo, 7, 29 (top), Oleh Dubyna, 18, ONYXprj, 23, ph.FAB, Cover, 4, 9, sbonsi, 14, Tofudevil, 24, TotemArt, 29 (bottom), Vlad1988, 10, Yuri Turkov, 11 (top)

Printed and bound in China. PO 6459

TABLA DE CONTENIDO

Las palabras en **negrita** están en el glosario.

¡GOL!

Cristiano Ronaldo marca. Marca con el pie derecho. Marca con el pie izquierdo. Incluso marca con la cabeza. Después de marcar un gol, salta y gira. Grita: "¡Sí!".

Ronaldo ha marcado un triplete 58 veces. Eso son tres goles en un partido. Es uno de los mejores futbolistas del mundo.

RONALDO en números

¡Ronaldo ha acumulado grandes números! ¿Cuánto sabes de él, dentro y fuera de la cancha?

1. **¿Cuántos goles ha marcado en su carrera?**
2. **¿A qué edad empezó Ronaldo a jugar al fútbol?**
3. **¿Qué edad tenía Ronaldo cuando le operaron el problema del corazón?**
4. **¿Qué tan rápido puede correr?**
5. **¿En cuántos equipos profesionales ha jugado?**

1. Más de 800, hasta ahora **2.** 8 **3.** 15

4. velocidad máxima de 20,2 millas (32,5 kilómetros) por hora **5.** 4

El número más grande de Ronaldo es su **salario**. En 2021, el Manchester United le pagó 70 millones de dólares. ¿Cuánto ha ganado en toda su carrera? ¡Más de mil millones de dólares!

HECHO

Cristiano Ronaldo dos Santos Aveiro es su nombre completo. "Ronaldo" viene de Ronald Reagan. Reagan era el presidente de los Estados Unidos en 1985 cuando nació Ronaldo.

¡Lo único que hace es **GANAR!**

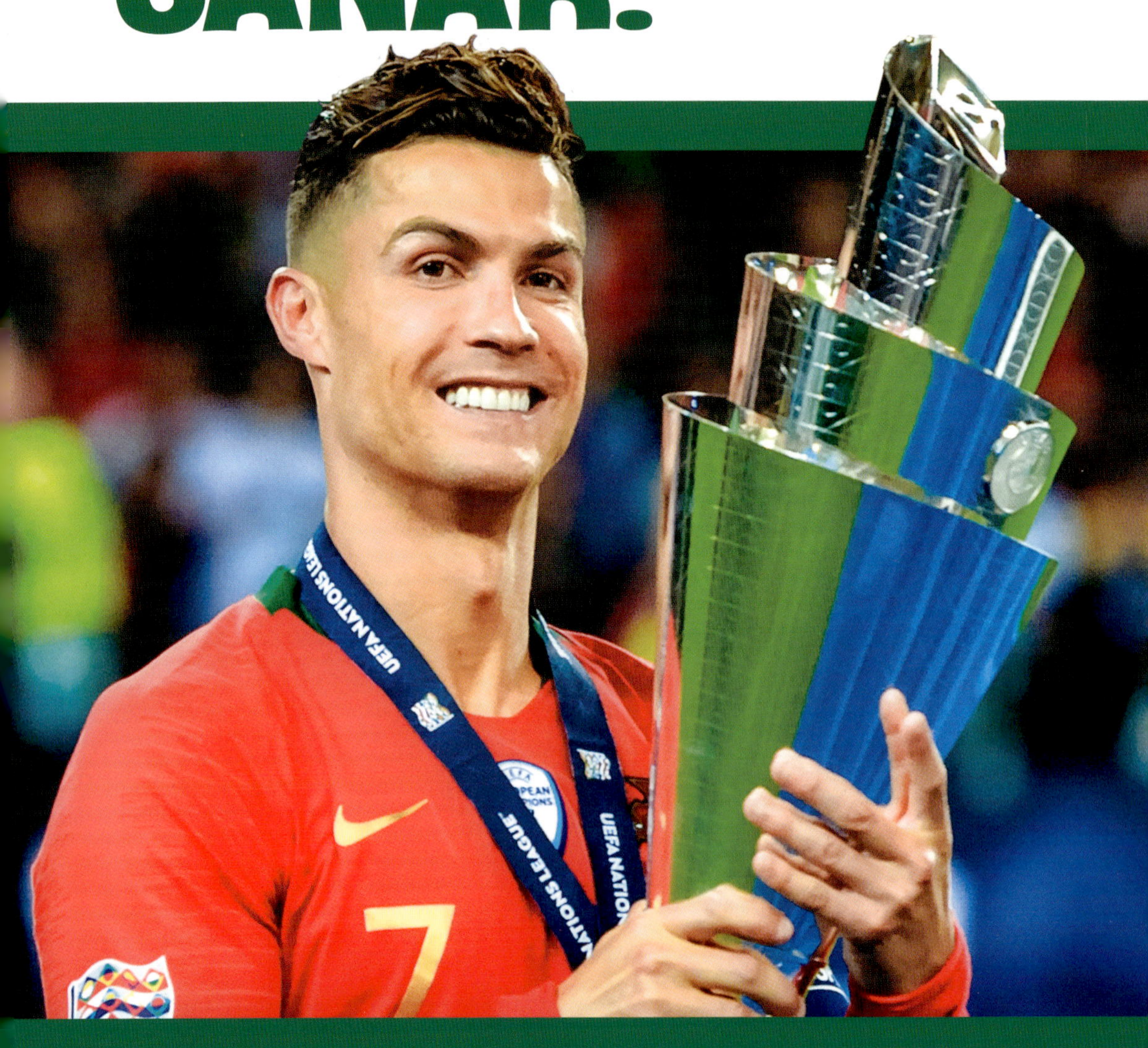

¡Marca goles y gana el oro! Ronaldo ganó la Bota de Oro cuatro veces. Eso significa que marcó la mayor cantidad de goles en Europa en una temporada.

Otro premio de oro es el Balón de Oro. La FIFA otorga este premio al mejor jugador del año. Ronaldo tiene cinco Balones de Oro.

Los equipos ganan trofeos con Ronaldo en el campo. Ayudó al Real Madrid a ganar su décima Copa de Europa. Su equipo, el Manchester United, ganó la Liga de Campeones en Europa. La Juventus ganó la Supercopa de Italia con él en su equipo. Hasta ahora, Ronaldo ha ganado 32 trofeos durante su carrera.

Jeep
QATA
Jeep
19
Jeep

Cero. Sorprendentemente, esa es la cantidad de Copas del Mundo que ha ganado Ronaldo. Quiere ganar una para Portugal. Es su país natal.

Los trofeos de Ronaldo llenan su propio museo. El museo CR7 está en su isla natal de Madeira, en Portugal.

HECHO

El nombre CR7 utiliza sus iniciales junto con el número de su **camiseta**.

TANTOS seguidores

¡Ronaldo tiene más seguidores en las redes sociales que cualquier otra persona en el mundo! Sus seguidores en Instagram suman aproximadamente 377 millones. En Facebook, lo siguen alrededor de 150 millones de personas. Tiene aproximadamente 96,1 millones de seguidores en Twitter.

¿Sobre qué publica? Comparte fotos de sus compañeros de equipo. Los trofeos reciben abrazos y besos de su parte. También muestra fotos de su familia.

Fuera de la CANCHA

Ronaldo y su madre, María Dolores

Ronaldo no juega al fútbol todo el tiempo. Pasa tiempo con su familia. Tiene una relacion cercana con su madre, María Dolores. Un año le regaló un Mercedes para el Día de la Madre.

Ronaldo es el más joven de su familia. Tiene dos hermanas y un hermano. Su hermano, Hugo, dirige el museo CR7.

Hugo y Ronaldo en el museo CR7

En casa, Ronaldo vive con su pareja, Georgina Rodríguez. Tiene cinco hijos.

Georgina Rodríguez

HECHO

La comida favorita de Ronaldo es un platillo de Portugal. Está hecha de bacalao, cebollas, papas y huevos.

Ronaldo posee una casa en Málaga, España.

Ronaldo posee muchas casas. Su casa de Madeira tiene siete pisos. En el patio hay una cancha de fútbol. ¡Incluso tiene una piscina en el techo! Su casa de vacaciones está en España. También tiene una casa en Inglaterra.

Autos
VELOCES

Ronaldo corre rápido en la cancha de fútbol. También le encanta conducir autos veloces. Posee unos 20 coches deportivos. Valen unos 24 millones de dólares. ¿Uno de sus favoritos? ¡Un Rolls-Royce! Tiene muchos garajes para guardarlos a todos.

Un Bugatti es el coche más caro de Cristiano. Cuesta unos 12 millones de dólares. También tiene otros tres Bugatti, cinco Ferrari y un Lamborghini. Incluso conduce un Maserati y un Bentley. Por su 35 cumpleaños, Georgina le regaló un Mercedes.

Un Lamborghini

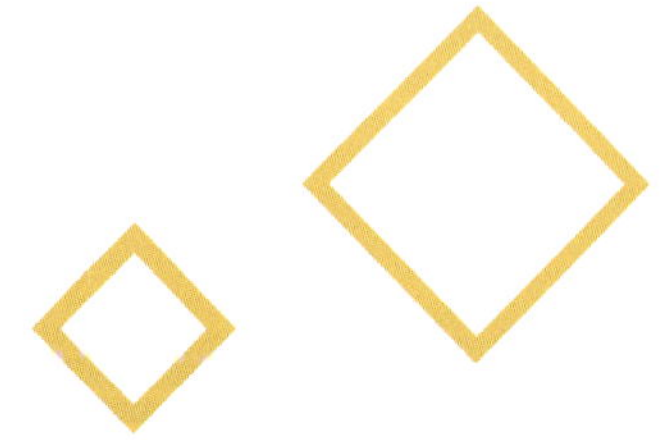

Un Bugatti

Un Bugatti

Devolviendo algo a la COMUNIDAD

Ronaldo es muy rico. Pero también regala mucho dinero. Dio dinero para construir un centro para tratar el **cáncer** en un hospital de Madeira. También donó dinero para luchar contra el COVID-19 en Portugal.

Ronaldo ayudó a recaudar más de un millón de dólares vendiendo uno de sus premios de Bota de Oro. El dinero se donó a una organización benéfica escolar.

Ronaldo quiere que los niños de Portugal puedan jugar al fútbol como él lo hacía. Trabajó con la empresa Nike. Juntos reconstruyeron el campo de fútbol donde Ronaldo jugó de niño.

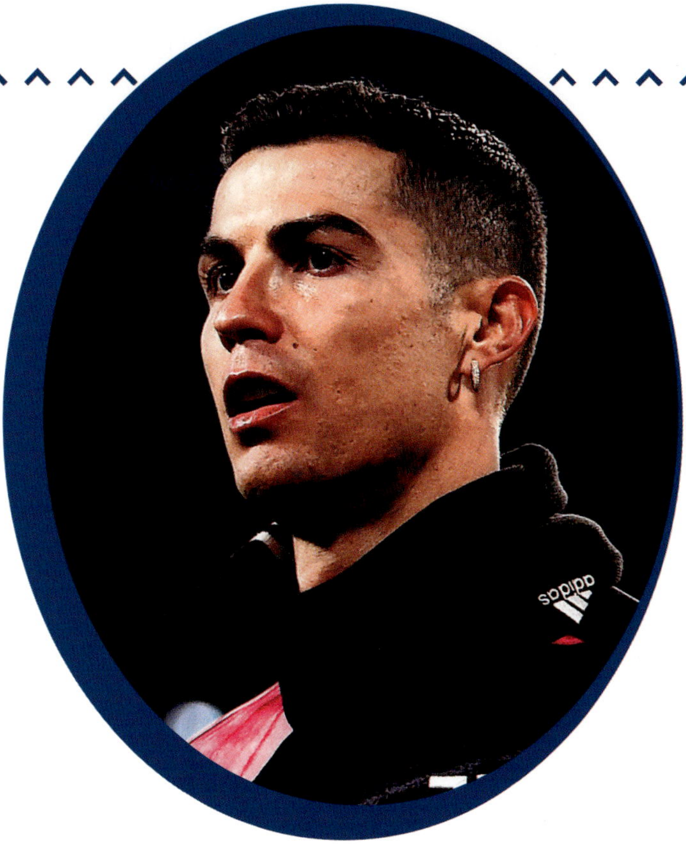

¿Qué da Cristiano que sea gratis? ¡Sangre! Una donación ayuda a hasta tres personas. Él les dice a otras personas que también donen sangre.

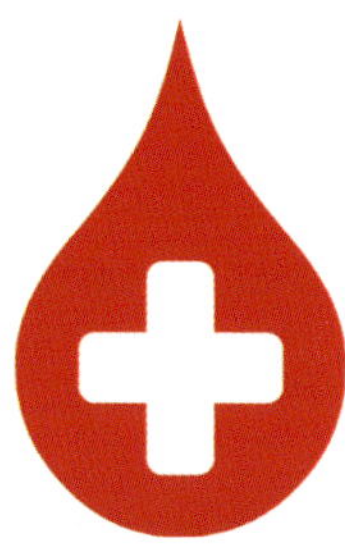

Glosario

camiseta (ca-mi-SE-ta)—una camisa que usa un miembro del equipo; cada jugador tiene un número diferente

cáncer (CÁN-cer)—una enfermedad grave en la que algunas células del cuerpo crecen más rápido que las células normales

carrera (ca-RRE-ra)—un período de tiempo dedicado a una profesión

salario (sa-LA-rio)—el dinero que se gana en un trabajo durante un año

Acerca de la autora

Martha E. H. Rustad es autora de más de 300 libros de no ficción para niños sobre temas que abarcan desde patitos hasta agujeros negros y la antigua Babilonia. Vive con su familia en Brainerd, Minnesota.

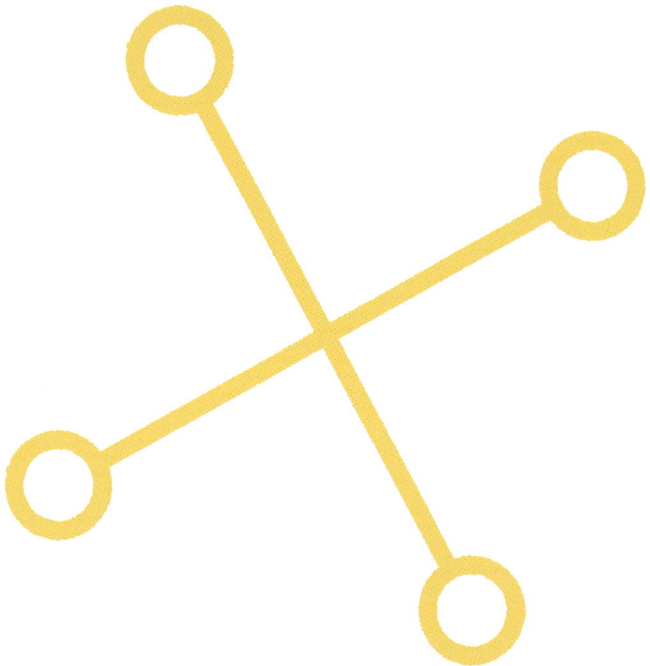

Índice